Inhalt

Einführung der Abgeltungssteuer - Wesentliche Auswirkungen auf einzelne Anlageformen

Kernthesen

Beitrag

Fallbeispiele

Weiterführende Literatur

Impressum

GENIOS WirtschaftsWissen Nr. 10/2007 vom 01.10.2007

Einführung der Abgeltungssteuer - Wesentliche Auswirkungen auf einzelne Anlageformen

A.Kaindl

Kernthesen

- Die Einführung der Abgeltungssteuer führt bei den Kapitalanlegern zu erheblichen Veränderungen in der Besteuerung ihrer privaten Kapitalerträge.
- Auch wenn die Abgeltungssteuer erst am 01.01.2009 in Kraft tritt, sollten bereits jetzt Fristen und Bedingungen beachtet werden, um eventuell Steuern zu sparen.

- Durch die Einführung der Abgeltungssteuer werden manche Finanzprodukte steuerlich interessanter, andere wiederum werden deutlich unattraktiver.

Beitrag

Die Abgeltungssteuer rückt immer näher. Kapitalanleger sollten bereits jetzt die Auswirkungen auf ihr Depot und ihre Strategien genau überprüfen. Es gilt sich vor dem Stichtag richtig zu positionieren.

Regelungen zur Abgeltungssteuer

Der Bundesrat hat am 06.07.2007 dem Unternehmensteuerreformgesetz 2008, das u.a. Regelungen zur sog. Abgeltungssteuer enthält, zugestimmt. Die Abgeltungssteuer tritt am 01.01.2009 in Kraft.

Die Abgeltungssteuer, die nur für Privatanleger gilt, ist wie folgt ausgestaltet:
Die Prozentsätze für den Kapitalertragsteuerabzug und den Zinsabschlag werden auf 25 Prozent vereinheitlicht. Der Umfang der Einkünfte aus Kapitalvermögen - und damit die

Bemessungsgrundlage für den Steuerabzug - wird um Veräußerungsgewinne aus Wertpapieren und Gewinne aus Termingeschäften erweitert. Die bisherige Spekulationsfrist von einem Jahr entfällt. Der bisherige Sparer-Freibetrag und der bisherige Werbungskosten-Pauschbetrag entfallen. Stattdessen wird ein Sparer-Pauschbetrag i.H.v. 801 Euro (bzw. 1 602 Euro für zusammen veranlagte Ehegatten) eingeführt. Die Geltendmachung tatsächlicher Werbungskosten wird versagt. Anleger, die einen geringeren Steuersatz als 25 Prozent haben, können sich veranlagen lassen. (5)

Durch die Einführung der Abgeltungssteuer werden manche Finanzprodukte steuerlich interessanter, andere wiederum werden deutlich unattraktiver. Kapitalanleger, die in Altersvorsorgeprodukte investieren wollen, müssen überprüfen, ob das ausgewählte Produkt unter den neuen steuerlichen Rahmenbedingungen noch das Richtige ist. (6)

Zins-Papiere

Anleihebesitzer profitieren von der Einführung der Abgeltungssteuer. Die Zinserträge werden künftig nicht mehr mit dem individuellen Einkommensgrenzsteuersatz von in der Spitze 45

Prozent belastet, sondern jeder Anleger zahlt 25 Prozent plus Solidaritätszuschlag und eventuell Kirchensteuer. (5)

Sparer, deren Grenzsteuersatz 25 Prozent übersteigt, können Steuern sparen, wenn sie ihre Zinserträge auf die Zeit nach dem 01.01.2009 verlegen. Das lässt sich leicht durch den Kauf von Bundessschatzbriefen Typ B oder aber Zerobonds realisieren. Bei diesen abgezinsten Papieren werden die Zinserträge angesammelt und erst am Ende der Laufzeit ausgezahlt. (3)

Für Anleihekäufer bringt die Abgeltungssteuer auch Nachteile. Bisher erwarben die Käufer von Anleihen gern Anleihen unter dem Nennwert. Da die Rückzahlung am Ende der Laufzeit garantiert zum Nennwert erfolgte, lies sich so legal am Fiskus vorbei nach Ablauf der Haltefrist von einem Jahr ein Kursgewinn steuerfrei vereinnahmen. Das geht nach Einführung der Abgeltungssteuer nicht mehr. Auf den Gewinn mit nach 2008 gekauften Wertpapieren sind 25 Prozent Abgeltungssteuer zu zahlen. (5)

Aktien

Für Aktienengagements ist die relevante

Datumsgrenze der 31.12.2008. Alle vor diesem Zeitpunkt erworbenen Titel werden weiterhin nach dem bestehenden Steuerrecht behandelt. Nach Einführung der Abgeltungssteuer muss bei Aktien mit einer niedrigeren Nach-Steuer-Rendite gerechnet werden, da Kursgewinne mit 25 Prozent zu versteuern sind und auch die Dividenden voll und nicht mehr nur zur Hälfte mit 25 Prozent steuerlich belastetet werden. Wertpapierverluste aus der Veräußerung von Anleihen, Fondsanteilen, Optionsscheinen oder Zertifikaten können mit Dividenden und Zinsen verrechnet werden. Verbleibende Verluste dürfen ins Folgejahr vorgetragen werden. Diese Möglichkeit besteht für Kursverluste aus Aktien nicht. Diese können nur mit Kursgewinnen aus der Veräußerung von Aktien verrechnet werden. (5)

Lebens- und Rentenversicherungen

Für Lebensversicherungspolicen hat der Gesetzgeber eine Ausnahme vorgesehen. Sofern die Police mindestens zwölf Jahre lang läuft und frühestens im 60. Lebensalter fällig wird, muss der Versicherungsnehmer nur die Hälfte der bis dahin aufgelaufenen Kapitalerträge versteuern. Dabei gilt der persönliche Steuersatz. Das

Versicherungsunternehmen ist verpflichtet, zunächst eine Abgeltungssteuer von 25 Prozent abzuführen. Evtl. zuviel gezahlte Steuern gibt es über die Einkommensteuererklärung zurück. (6)

Noch vorteilhaftere steuerliche Regelungen gelten für Rentenversicherungen. Wer sein Vorsorgekapital von einem Versicherer verrenten lässt, muss nur auf einen geringen Ertragsanteil der späteren Monatsrente Steuern zahlen. Beginnt die Rente im 65. Lebensjahr, sind nur 18 Prozent der privaten Rente steuerpflichtig. Diese Vorgaben gelten nicht nur für klassische, sondern auch für fondsgebundene Lebens- und Rentenversicherungen. (6)

Offene und geschlossene Immobilienfonds, Immobilien

Auch Kapitalanleger die in Immobilien investieren, können von der Abgeltungssteuer betroffen sein, dies hängt von der Art der Anlage ab.

Für die Besitzer einer Wohnung oder eines Hauses, egal ob vermietet oder selbst genutzt, ändert sich nichts. Der Verkauf der eigengenutzten Immobilie bleibt nach zwei Jahren Eigennutzung steuerfrei, bei vermieteten Immobilien nach zehn Jahren.

Bei offenen Immobilienfonds dürfen Wertsteigerungen im Fonds weiterhin nach zehn Jahren steuerfrei realisiert werden. Aber die Spekulationsfrist entfällt. Kursgewinne unterliegen der Abgeltungssteuer. Steuerfrei bleiben Mieterträge und Veräußerungsgewinne aus ausländischen Investments, wenn die Versteuerung dort erfolgt.

Veräußern geschlossene Immobilienfonds Immobilien innerhalb von zehn Jahren nach Erwerb mit Gewinn, ist darauf die Abgeltungssteuer von 25 Prozent zu zahlen. Gleiches gilt, wenn der Anleger seine Anteile innerhalb dieser Frist mit Gewinn verkauft. Mitunter sind geschlossene Fonds so konstruiert, dass der Anleger gewerbliche Einkünfte erzielt. Gewinne sind und bleiben dann voll steuerpflichtig. (1)

Investmentfonds

Bei der Besteuerung von Fonds gilt auf Anleger-Ebene ebenfalls der Stichtag 31.12.2008. Die vor diesem Zeitraum erworbenen Fondsanteile unterliegen im Wesentlichen der alten Steuerregelung. Nach diesem Zeitpunkt getätigte Fondsanlagen unterliegen der Abgeltungssteuer.

Umschichtungen innerhalb eines Fonds bleiben von der Steuer auf Kursgewinne verschont. Erst beim Verkauf der Fondsanteile fällt die Abgeltungssteuer an. Anleger profitieren dadurch von einem gewissen Steuerstundungseffekt, da das fiskalisch ungeschmälerte Vermögen im Fonds weiter arbeiten kann. (4)

Glossar

Offene Immobilienfonds

=Fonds, die mehrere Immobilien im In- und Ausland erwerben. Ein mitunter beachtlicher Teil des Fondsvolumens wird verzinslich angelegt, um Anteilsinhaber jederzeit auszahlen zu können.

Geschlossene Immobilienfonds

=Fonds, meistens in der Rechtsform der Kommanditgesellschaft gegründet, die Gewerbeimmobilien im In- und Ausland kaufen. Der Anleger beteiligt sich i.d.R. während der Auflegungsphase, danach ist der Fonds geschlossen.

Fallbeispiele

Für langfristig orientierte Anleger gewinnen Riester-Fondssparpläne an Attraktivität gegenüber privaten Fonds, da sie damit der Abgeltungssteuer entrinnen können. Wie folgt ist dabei vorzugehen: Wer einen Riester-Fondsparplan besitzt oder abschließt, zahlt mehr als den geförderten Höchstbeitrag ein, z.B. 4 000 Euro jährlich. Staatlich subventioniert werden maximal 2 100 Euro, die überzahlten 1 900 Euro sind aber steuergünstig investiert. Für sie fällt keine Abgeltungssteuer an, wenn das Geld erst mit 60 Jahren oder später abgerufen wird.
Dann unterliegt im Fall der Kapitalauszahlung - wie bei Lebensversicherungspolicen - nur die Hälfte der Erträge der Einkommensteuer. (2)

Dass sich für Kapitalanleger, die den Spitzensteuersatz zahlen, eine zeitliche Verlagerung der Zinserträge ins Jahr 2009 oder später auszahlt, zeigt ein Rechenbeispiel: Der Kapitalertrag aus einem Zerobonds beträgt 50 000 Euro. Wird dieser in 2008 fällig, so muss ein Anleger mit einem Einkommen von 120 000 Euro unterm Strich 55 572 Euro Steuern zahlen. Verlagert der Anleger hingegen den Kapitalertrag auf das Jahr 2009, kann er 8 500 Euro

Steuern sparen. (3)

Weiterführende Literatur

(1) Fondsanleger müssen Abgeltungssteuer zahlen
Besitzer von Immobilienaktien können unter dem Strich mehr Dividende erzielen
aus DIE WELT, 28.08.2007, Nr. 200, S. 20

(2) Abgeltungssteuer - Mit Riester-Fonds ausweichen
aus Capital vom 13.09.2007, Seite 103

(3) Die Abgeltungssteuer als Steuersparmodell
Besserverdiener sollten ihre Zinseinnahmen in das Jahr 2009 verlegen - Und so die Abgabenlast an den Fiskus kräftig drücken
aus DIE WELT, 05.09.2007, Nr. 207, S. 19

(4) Letzte Rettung vor dem Zugriff des Fiskus Mit den richtigen Fonds lässt sich die Abgeltungssteuer vermeiden - "Vermögensverwaltung in einem Papier"
aus DIE WELT, 01.09.2007, Nr. 204, S. 17

(5) Die Abgeltungssteuer bringt Sparern Vorteile
aus Frankfurter Allgemeine Zeitung, 23.08.2007, Nr. 195, S. 17

(6) Gesetzgeber führt neue Vorteile für Fondspolicen ein Unter bestimmten Bedingungen von der Abgeltungssteuer befreit - Rentenversicherungen schneiden noch besser ab

aus Börsen-Zeitung, 10.08.2007, Nummer 152, Seite 2

(7) Die Politik muss für die Akzeptanz der Abgeltungssteuer noch sorgen
aus Frankfurter Allgemeine Zeitung, 17.08.2007, Nr. 190, S. 23

Impressum

Einführung der Abgeltungssteuer - Wesentliche Auswirkungen auf einzelne Anlageformen

Bibliografische Information der deutschen Nationalbibliothek

Die Deutsche Nationalbibliothek verzeichnet diese Publikation in der deutschen Nationalbibliografie; detaillierte bibliografische Daten sind im Internet über http://dnb.d-nb.de abrufbar.

ISBN: 978-3-7379-1356-0

© 2015 GBI-Genios Deutsche Wirtschaftsdatenbank GmbH, Freischützstraße 96, 81927 München, www.genios.de

Alle Rechte vorbehalten. Dieses Werk ist einschließlich aller seiner Teile – z.B. Texte, Tabellen und Grafiken - urheberrechtlich geschützt. Jede Verwertung außerhalb der Grenzen des Urheberrechtsgesetzes bedarf der vorherigen Zustimmung des Verlags. Dies gilt insbesondere auch für auszugsweise Nachdrucke, fotomechanische

Vervielfältigungen (Fotokopie/Mikroskopie), Übersetzungen, Auswertungen durch Datenbanken oder ähnliche Einrichtungen und die Einspeicherung und Verarbeitung in elektronischen Systemen.